画说周易

【乾坤】册

王雅琴 著

齐鲁书社
·济南·

图书在版编目（CIP）数据

画说周易 / 王雅琴著. -- 济南 : 齐鲁书社,
2024.3
ISBN 978-7-5333-4790-1

Ⅰ. ①画… Ⅱ. ①王… Ⅲ. ①《周易》—研究 Ⅳ.
①B221.5

中国国家版本馆CIP数据核字(2023)第230866号

策划编辑　孙本民
责任编辑　张敏敏　赵自环
装帧设计　亓旭欣
创意指导　朱　蓉　何　锋
儿歌编纂　仇盛福
插图指导　范宏昌　李　辰
插图绘画　蒋银银　王雅琴
封面形象绘画　杨澍然（10岁）
插图及封面设计　王雅琴

画说周易
HUASHUO ZHOUYI

王雅琴　著

主管单位	山东出版传媒股份有限公司
出版发行	齐鲁书社
社　　址	济南市市中区舜耕路517号
邮　　编	250003
网　　址	www.qlss.com.cn
电子邮箱	qilupress@126.com
营销中心	（0531）82098521　82098519　82098517
印　　刷	三河市华东印刷有限公司
开　　本	787mm×1092mm　1/16
印　　张	9.25
插　　页	8
字　　数	155千
版　　次	2024年3月第1版
印　　次	2024年3月第1次印刷
标准书号	ISBN 978-7-5333-4790-1
定　　价	198.00元（全四册）

序

　　癸卯初春，作者带来了书稿《画说周易》。我打开书稿，清新、有趣、生机盎然！书中的故事吸引了我……

　　我与作者雅琴女士相识十余年，她出生于北京，天资聪颖，兴趣广泛，中华优秀传统文化功底深厚，涉猎儒、释、道、医等诸多领域，学识渊博，又悟性极高，多有心得！她对中华元典《周易》感悟颇深，其研究成果得到易学界的肯定与赞赏，目前被聘为国际易联文化产业促进会副会长、学术专业委员会主任，被国际易学高峰论坛授予"国学传承最具影响力人物"的荣誉称号。

　　我研究《周易》几十年，深知治易艰难，让多少人望而却步。作者把这样晦涩难懂的内容写成连小孩子都能看懂的书，得有多大的爱心、耐心，以及深厚的易学功力呀！

　　作者借助"易小蜥"这一卡通形象，结合生活实际，把《周易》中蕴含的深奥智慧呈现为一幅幅形象生动的图画，满足了读者探求中华智慧源头的愿望，不仅可以在读者心中播撒下智慧的种子，而且有利于弘扬传承中华优秀传统文化。

　　习近平总书记指出，中华优秀传统文化教育抓早抓小、久久为功、潜移默化、耳濡目染，有利于夯实传承中华优秀传统文化的根基。新时代新征程，这部书便体现了作者强烈的责任感与使命感！

　　《画说周易》图文并茂，雅俗共赏，是读者汲取传统智慧不可多得的读物。

　　《画说周易》是这个春天献给读者最好的礼物！

现代社会，人心浮躁，能够静心坐下来写一本适合现代人阅读的《画说周易》，这样的人的内心一定如清泉般澄澈！

作者清泉般澄澈的心灵与读者纯净的心灵，一定能和谐共鸣，让古老的智慧之光照耀我们的成长！

邓海一

国际易学联合会第四届执行秘书长

2023 年 3 月 19 日

自序

在过去的三年里，我们时常紧闭在家中。从另一个角度说，这也让我们在不同程度上有了一种难能可贵的体验。

比如，被动地实现了与家人长时间、零距离、紧密维系在一起的朝夕相处；照着抖音学做菜，使厨艺水平得到飞速提高的同时，还能为满足个人和家庭成员的味蕾而得意；突然实现了不用早起送孩子、挤地铁或做车水马龙中一员的梦想生活；能悠闲地看着窗外发呆，感受着昔日喧闹街道的宁静。

就这样，"幸福"了数日，百无聊赖之感慢慢地涌上心头。这天，友人来电，寒暄过后，说出了来电的真实用意。"闲得实在太难受了，可否教我点儿本事，调剂一下？"我问："你想学啥？"答："《周易》六十四卦。"我一听，眼睛发亮，来了精神，不假思索地答应道："行！"于是相互约定：每天早上 8:30 开始，上午两小时，以微信电话的方式授课，不提其他琐事……

讲到第 15 天的时候，友人打电话过来，兴奋地跟我叙述他女儿最近几天发生的趣闻。"您知道吗？她对《周易》也产生了兴趣！"我疑惑地说："是吗？说说看！"

朋友家住后海，房间是一个精致的开场设计环境，由于面积有限，加上我们每次授课的方式又是微信电话免提的形式，所以她五岁的女儿能听到我们探讨的内容，就这样她每天被不经意地耳濡目染，对《周易》也渐渐产生了浓厚的兴趣。

一次，小丫头（北京人对小女孩的爱称）晚上不想睡觉，便和爸爸妈妈"提条件"。爸爸问她："怎么才能睡？"她想了想回答："给我画个八卦图。"于是，他们下床，爸爸用厚卡纸画了个圆形的八卦图，还突发奇想，剪下来、打孔、穿绳……挂在胸前。小家伙兴奋地乖乖上床，小手抚摸着她刚得到的宝贝，欣然睡去。从此，不管是中午还是晚上睡觉，只要上床躺下之前，她必戴上心爱的"八卦宝贝"，安然入梦……

临时解封的间歇，住得不远的姥姥迫不及待地来访。一进门，便"质问"："听说，最近学上《周易》了？孩子可马上就要上学了，拼音、识字、算术有那么多要掌握的东西都学不过来，还不趁着这段时间抓紧教教这些'有用'的，真不明白这么小的孩子学《周易》能有什么用？"听了这番话，还没等大人张口，这小丫头就迫不及待地抢先说道："姥姥，您可不知道，学了《周易》可以上知天文、下知地理，因为它讲了很多有关自然的道理，可有意思了！"孩子妈妈此时接过话来继续"理论"道："妈，《周易》涉及自然科学、人文科学等多方面的知识。您知道吗？我们中华文化就起源于《周易》！"

又过了几天，他们一家三口去看奶奶。一进门，小家伙和奶奶打完招呼，就立马跑到爸爸跟前耳语："爸爸，您看，奶奶这穿着可是'贲'（bì）过了？"友人一听，窃喜地反问："怎么叫'贲'过了？"答："雅琴阿姨说了，装饰要适度。您数数，奶奶身上的这一件上衣就出现了十几种颜色，不是'贲'过了，是什么？"……

听到此，我也兴奋不已！因为我知道这个"贲"字，不学《周易》的人能够认识就已经不错了，而了解了《易经》六十四卦的人，不仅能够认识"贲"字，还能轻松地了解"贲"是其中的一卦，有粉饰、装饰之意。这让我联想到，学习了解贲卦，不光能够轻松做到识其字、懂其意，对培养提高审美意识也能起到潜移默化的作用！

孩子每每在爸爸微信电话听课结束后，跑过来询问："爸爸，雅琴阿姨今天又讲什么了？"

挂断电话后，我开始琢磨，既然大家如此喜欢《周易》，不如创作一套适合现代人阅读的《周易》读本，用通俗的语言，用现代人能够理解的方式，以图文并茂的形式呈现出一种趣味版的"周易故事"。

这里面没有高深、晦涩难懂的大道理，涉及的内容都是人们能够理解的自然现象，如用人物、动物、植物来举例说明什么是阴阳及阴阳的由来，通过阴阳又演变出"春夏秋冬"四季，再从四季衍生讲述八卦的形成。同时，告诉人们六个爻的顺序是从下向上，如同种子破土而出、发芽成长壮大一般……

就这样，《画说周易》诞生了！

《画说周易》利用八个卦、八个故事、几十幅生动的图画，以娓娓道来的形式讲述了中华优秀传统文化，同时揭开了《周易》的神秘面纱。

有关八个卦的故事都是以八个卦的卦辞、爻辞为叙述准则的。我们旨在以不同的角度和叙述方式，为读者呈现生动有趣的内容情节，让读者在听故事的过程中，能够感受到中华优秀传统文化不只有"孔融让梨""孟母三迁"……还有八个神奇而又神秘的八卦，它就像百宝锦囊一样，承载着宇宙的万千世界。

王雅琴

癸卯年孟春

我是易小蜥，

和你一起传播国学！

解读大使"易小蜥"

我是易小蜥，下面由我为大家讲解《易经》的八卦故事。

学习《周易》会不会很难？答案是，有我易小蜥在，大家不必担心。我会在一开始，给大家介绍一下有关《周易》的基本知识，然后请大家一起走进关于八卦的八个小故事，希望你会爱上《周易》、爱上《易经》八卦，当然，还有我易小蜥！

首先，易小蜥自行回答几个问题：

《周易》是怎样的一本书？

易学的发端可以追溯到人类创造文字之前。《周易》是中华元典之一，蕴含着极其丰富的知识，被誉为"群经之首"。其地位之高，可以说国内外很少有经典能够与之相媲美。

关于"韦编三绝"的成语出处

话说我国著名的思想家、教育家、儒家学派的创始人孔子，其生活的年代与《易经》的诞生年代相差五百年。孔子晚年有缘接触到《易经》，从此，着迷于对《易经》的研究，一发不可收拾。

有个成语叫作"韦编三绝"，描写的就是孔子对《易经》如痴如醉的学习状态。

在古时候，文字大都是书写在竹简上，再用结实的牛皮绳连接起来方便阅读。孔子晚年对《易经》爱不释手，从早到晚如饥似渴地翻阅，以至编连竹简的牛皮绳被多次磨断……由此可见易学的魅力。《易经》蕴含的内容博大精深，令孔子如此着迷。

《易经》和《周易》是什么关系?

《周易》的内容分为两大部分:《易经》和《易传》。

我们在此只解读《易经》的经文部分。而《易传》是孔子为了便于后人能够读懂《易经》,带领众位得力的学生一起编纂的十篇解读。它们有个好听的名字,叫作"十翼"。对,没错,是"十个翅膀"!为大家插上十个隐形的智慧翅膀,引领大家从不同的视角学习和理解《易经》。

为什么要用"易"这个字来取名?

关于这个问题,众说纷纭。其中一种说法认为是由我"易小蜥"家族的蜥蜴得到的灵感。动物中最善变的,莫过于蜥蜴,所以就有了"易"为"蜥蜴"的说法。取"蜴"的"变色"之意,来说明《易经》"变"的原则。还有一种说法认为日月为易。因为象形字里"易"字的上下两部分分别代表日和月,用来解释《周易》里讲的"一阴一阳之谓道"(日月取象为阴阳)。

为什么要学习《周易》?

因为《周易》里蕴含着大智慧,学习《周易》有利于我们上知天文、下知地理、中通人事。《周易》的核心思想简称"三易",即"简易""变易""不易"。

"简易"是告诉大家遇事要靠智慧去解决,要化繁为简。《易经》八卦体现了古人认知自然界的方法。把世间一切事物用八大类别来划分,这八大类别就是八卦。这里面蕴含着大道至简的智慧。

"变易"是教大家看任何事物都要用发展的眼光,因为世界在变,一刻不停地在慢慢改变。比如,现在是白天,不久就会是黑夜;再比如,我们在不断长大……"变"是宇宙万物永恒的运动本质。我们通过学习《周易》,了解其中蕴含的智慧,从小对"变"有正确的认知,学会适应出现在我们未来成长道路上的各种"变",并且培养驾驭"变"的能力。

而"不易"是说,世界唯一不变的就是"变"这个真理,这也正是自然界的规律。

《易经》的大门为你缓缓打开,欢迎进入吧……

阴阳

古人观察自然界中存在的各种相对又相联的现象，比如天与地、太阳与月亮、白天与黑夜、夏天与冬天、温暖与寒冷、光明与黑暗等，从中归纳出"阴阳"的概念。

阳

"—"是一段直线，像太阳散发的光芒，没有间断。它代表阳性的事物，称为"阳爻"。

阴

"--"是断开的直线，像空中飘落的雨滴。它代表阴性的事物，称为"阴爻"。

【阴阳】

世界万事万物用阴阳来划分

◆ 人类的性别：爷爷、奶奶；爸爸、妈妈；男孩、女孩……

◆ 情　　绪：快乐、悲伤；欢笑、哭泣；热情、冷漠……

◆ 判 断 用 词：好、坏；对、错；美、丑；实、虚；快、慢；动、静……

◆ 方　　位：前、后；左、右；上、下；外、内；远、近……

◆ 温度、湿度：热、冷；酷暑、严寒；干燥、湿润；阳光、阴暗……

◆ 动物、植物的性别：雄、雌……

什么是"爻"（yáo）

"爻"字出现在"阴"字、"阳"字后，读作"阴爻""阳爻"。"爻"字代表阴、阳交错演变的过程。

阴爻、阳爻的另一个名字

在《周易》中，阳爻、阴爻有自己的专用名字，阳爻叫作"九"，阴爻叫作"六"。

（从数字方面来说，奇数为阳：一、三、五、七、九；偶数为阴：二、四、六、八、十。其中奇数中最大的数是"九"，取"九"作为阳爻的另一称呼；而偶数中的"六"是五个偶数中最中间的数，取它最为稳定的含义，作为阴爻的另一称呼。）

阳爻（九）　　　　　　　阴爻（六）

太阳（阳）　　　　　　　月亮（阴）

男（阳）　　　　　　　　女（阴）

公鸡（阳）　　　　　　　母鸡（阴）

树木（阳）　　　　　　　花草（阴）

八卦的演变

阳爻、阴爻两个爻相互叠加组合，出现四种变化，分别称为：太阳、少阴、少阳、太阴。

乾卦中的卦辞"元、亨、利、贞"，是在说明天体的运转变化规律，也代表着自然界的春、夏、秋、冬。

用阴阳爻符号来表现四季：太阳为夏季，少阴为秋季，少阳为春季，太阴为冬季。

三个爻相互叠加组合，会出现八种变化。

这八种变化就是八卦的演化由来。也就是说，八卦的每一卦都是由三爻组成的，以此代表宇宙天地万物不断变化、生生不息的规律。

(《周易·系辞传》云："古者包牺氏之王天下也，仰则观象于天，俯则观法于地，观鸟兽之文，与地之宜，近取诸身，远取诸物，于是始作八卦。"八卦为乾、兑、离、震、巽、坎、艮、坤。)

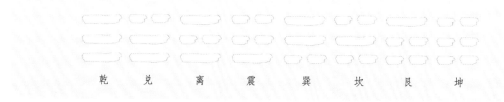

三个爻的卦叫经卦，两个经卦再上下组合，形成六个爻的卦，称为重卦或别卦，共有六十四个变化，称为六十四卦。

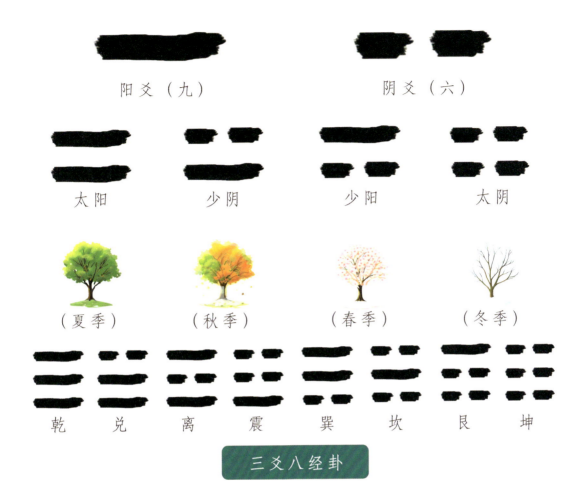

阳爻（九）　　　　　　　阴爻（六）

太阳　　　　少阴　　　　少阳　　　　太阴

（夏季）　　　（秋季）　　　（春季）　　　（冬季）

乾　　兑　　离　　震　　巽　　坎　　艮　　坤

三爻八经卦

相同的三爻八经卦上下叠加成为六爻八纯卦

上卦

下卦

乾　　兑　　离　　震　　巽　　坎　　艮　　坤

六爻八纯卦

（我们后面讲述的故事是八纯卦的部分内容。）

六爻的顺序及名称

六爻的顺序方向

六爻的顺序方向如同种子生长的方向，从下向上。

六爻的各爻名称

◆ 最下面的一爻是第一个爻，称为"初"。

  若是阳爻"—"，称为"初九"；若是阴爻"——"，称为"初六"。

◆ 顺延向上，第二个爻若是阳爻称为"九二"，若是阴爻称为"六二"。

  前面的"九"或"六"代表阴阳的属性，后面的"二"则代表爻的位置是第二爻。

◆ 从第二爻到第五爻都是这样称呼，阴阳的属性在前，爻的位置在后。

  阳爻分别称为"九二""九三""九四""九五"；

  阴爻分别称为"六二""六三""六四""六五"；

  第六爻也是最上面的一爻，位置放在前面读，称为"上"。

  若是阳爻称为"上九"，若是阴爻称为"上六"。

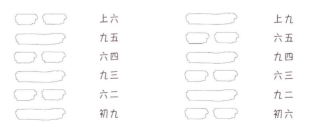

（用【既济卦】【未济卦】演示爻位顺序方向及爻位读法）

导读示意图

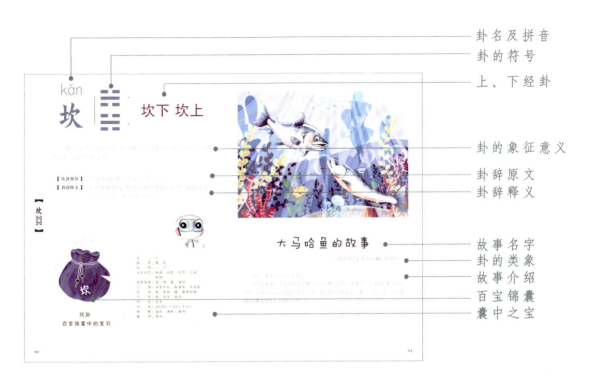

卦名及拼音
卦的符号
上、下经卦
卦的象征意义
卦辞原文
卦辞释义
故事名字
卦的类象
故事介绍
百宝锦囊
囊中之宝

卦的符号
爻的位置
爻辞原文
爻辞译文
爻辞释义
故事内容呈现
故事画面
儿歌

qián
乾

乾下 乾上

《易经》六十四卦的第一个卦是乾卦。它是由两个三画阳爻的乾卦组成的六画阳爻的乾卦。三画卦乾的特性是健，六画卦乾的特性是至健；三画卦的乾象征天，六画卦的乾还是象征天。健是宇宙天体有规律地、永不停息地运转，任何力量都不能阻止或改变它。

【乾卦卦辞】 qián yuán hēng lì zhēn
乾，元 亨利贞。

【卦辞释义】 乾卦为健，可以代表自然界的春夏秋冬。

"元"是万物开始萌芽生长的春天；

"亨"是生机勃勃、绿荫片片的夏天；

"利"是硕果累累、瓜果丰收的金秋；

"贞"是万籁俱静、收敛深藏的冬天。

【乾 ☰ 】

乾卦
百宝锦囊中的宝贝

五　　行：	金
颜　　色：	白色、金黄色
数　　字：	一、六
动作状态：	刚健、果断、纯粹、正直
自然景观：	天、晴朗、冰雹
活动场所：	寺院、皇宫、银行、博物馆
人　　物：	爸爸、老爷爷、班干部、老师
动　　物：	龙、马、大象、狮子
人　　体：	头、骨、肺
方　　位：	西北
时　　间：	19:00—21:00（戌时）、21:00—23:00（亥时）
物　　象：	财宝、钟表、飞机、火车、圆形的器物
季节状态：	秋末冬初

健龙小子

—— 乾为健，乾为龙

　　《健龙小子》描述了主人公健龙一生不同成长阶段的经历。健龙如同世界上每一个生命体，不管是人类，还是动物、植物，都应按照他、她或它所特有的生命周期，在生命的不同阶段，活出属于自己的精彩，同时学会尽情地感受和体验这个世界馈赠给你的独一无二和与众不同……

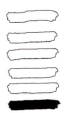

乾卦，初九

【爻辞原文】 潜龙，勿用。
　　　　　　　 qián lóng　　 wù yòng

【爻辞译文】 "潜"，藏。"用"，作为。

弱小的龙蜷缩潜藏着积聚能量，待时而行。此时不要有所作为。

【爻辞释义】 就像埋进土里的种子，太过柔弱，没有任何抵抗能力，更不要幻想有所作为。

乾

　　龙妈妈孕育了龙宝宝。幼小的龙在龙妈妈的肚子里蜷缩着，慢慢地吸收着妈妈为它输送的营养，然后安静地睡着了……

　　小家伙生活的空间非常有限，所以它不能有大的动作，只是偶尔翻翻身或者伸出小手，隔着妈妈的肚皮，感知一下外面的世界，多么奇妙啊！

　　在妈妈肚子里的龙宝宝，在这个阶段，能做到的只有吸收营养、安静地睡觉，慢慢成长，其他的什么也做不了。

潜龙时，勿施用，
晦养以待生机动。
阳气初长莫作为，
待得时满喜乐融。

11月
1 2 3 4 5 6 7 8
9 10 11 12 13 14 15 16 17
18 19 20 21 22 23 24 25 26
27 28 29 30

乾卦，九二

【爻辞原文】 xiàn lóng zài tián　　lì xiàn dà rén
见 龙在田，利见大人。

【爻辞译文】 "见"，读"现"，出现。"田"，地面。"大人"，
德行高尚的人。

龙出现在田野上，适宜遇见明德之君。

【爻辞释义】 （就像种子破土而出，嫩苗生长在大地上。）此时的状态还很弱小，
适宜遇见有道德修养的人来教化，陪伴成长。

乾 ☰

　　经过漫长的等待，龙宝宝出生了，它终于和爸爸、妈妈见面啦！龙爸爸和龙妈妈为它起了个好听的名字——健龙。

　　每天太阳升起的时候，在妈妈的陪伴下，年幼的健龙在旷野上愉快地嬉戏玩耍。此时的它非常弱小，只能贴着地面练习飞翔，慢慢地掌握飞行技巧。龙妈妈不断地鼓励健龙，总有那么一天，你会和龙爸爸一样，自由地翱翔在高高的云端上。

龙现田，贵人缘，
得意逢时龙出渊。
风云际会遇明尧，
英姿有望意满圆。

乾卦，九三

【爻辞原文】 君子 终 日乾乾，夕惕若。厉，无咎。
jūn zǐ zhōng rì qián qián　xī tì ruò　lì　wú jiù

【爻辞译文】 "终日"，整天。"夕"，夜晚。"厉"，危险。"咎"，灾祸。

君子始终勤奋不休，谨慎戒惧。到了晚上，也时刻警惕，丝毫不松懈。如此奋进加小心，即使出现危险，也能化险为夷，不会有灾祸。

【爻辞释义】 对于能力强的人来说，在这个阶段要熟练地掌握技能本领，只有这样，才能够经得起今后的各种磨练、摔打。

【乾☰】

年幼的健龙长大不少，转眼间，成长为帅气的少年龙。

它白天练习空中飞翔，到了晚上还要用大量的时间在浩瀚的海洋中跟龙爸爸学习纵横于深海的本领。瞬间从水中跃起，再腾空翻转，以及加速穿行，包括超长持久力和瞬间爆发力，都是它每天训练的内容，也是它需要熟练掌握的技巧。

就这样，健龙不停地增长着本领，身体外形也变得更加健硕了。

日乾乾，夕惕若，
先忧后昌运有舵。
勤勉不懈厉无咎，
昼夜精进积福祚。

乾卦，九四

【爻辞原文】 或 跃 在 渊，无 咎。
huò yuè zài yuān　　wú jiù

【爻辞译文】 "或"，无论。"跃"，欲飞。"渊"，深水。

龙无论腾空九霄，还是潜藏深海，本领再大，都始终明确自己的边界位置。坚决不越界做事，自己就没有灾难。

【爻辞释义】 这个阶段，越是能力高强，越要清楚自己什么该做、什么不该做。千万不能目中无人，忘乎所以。

又经过一段时间的磨练，健龙已经变得威猛、强壮，成为名副其实的壮年健龙了。

此时的健龙身手矫健，可以瞬间从空中向水中猛冲；不一会儿，又从水中一跃腾飞到空中。就这样，健龙不管是腾空翻越，还是深海遨游，都能够做到游刃有余。

但这些本领的增长丝毫没有影响它和小伙伴们友爱相处。

跃与潜，任遨游，
规矩方圆心中有。
腾空万里千百度，
入海矫健无烦忧。

乾

乾卦，九五

【爻辞原文】 fēi lóng zài tiān　　lì xiàn dà rén
飞龙在天，利见大人。

【爻辞译文】 "利"，适宜。"见"，读"现"，物色。
龙遨游在广阔的天空中，身居高位，统御天下，同时利于发现德行中正、能力超凡之辈。

【爻辞释义】 龙高飞于天，此时它的智慧、修养、能力和地位足以迎刃解决任何困难。这是它一生中最为辉煌、美好的阶段。它清醒地知道，是时候为自己物色德才兼备的接班人了。

【乾☰】

　　随着健龙能力的飞速提升，它已成为威震四方、统领天下的成年龙。健龙遨游在蔚蓝的天空中，有白云相伴。

　　这个阶段也是它一生中最辉煌的阶段，完美到无可挑剔！海阔天空任由其翱翔。此时的健龙也已经成为既威严又不失慈爱的龙爸爸。

　　在云中穿行的健龙温和地注视着它下方的家人。龙妈妈陪伴着幼龙，在低空中练习飞翔。

　　不久的将来，其中最出色的一位幼龙一定会接替健龙，成为普天之下的龙中至尊。

龙飞天，自尊贵，
太阳高挂显神威。
同声同气风云汇，
统领万物映朝晖。

乾卦，上九

【爻辞原文】　亢龙，有悔。
　　　　　　　　kàng lóng　　yǒu huǐ

【爻辞译文】　"亢"，过限度，超极限。

　　　　　　　龙飞得过高，很难长久维持。不及时调整下行，就
　　　　　　　会出现令自己悔恨的结局。

【爻辞释义】　每个生命都有自己的轨迹，不能冒进，要量力而行。一旦不切
　　　　　　　实际地冲破了限度，便会出现无可挽回的后果。

【乾☰】

　　　随着时间的推移，健龙越发意识到自己的精力和状态已不
如从前，是时候下行了。

　　　于是，健龙没有留恋，坚定地从高空向下飞行，刚巧与正
在迅速上行、健硕阳光的青年龙相逢。青年龙正是健龙出类拔
萃、本领高强的长子。它们微笑着擦肩而过，并且不约而同地
回过头来，淡定地目送着对方。

　　　　　　　　　　　　　　极致龙，亢有悔，
　　　　　　　　　　　　　　进时思退安有危。
　　　　　　　　　　　　　　得失之间需权衡，
　　　　　　　　　　　　　　阳气盛满盈则亏。

乾卦，用九

【爻辞原文】 见群龙无首，吉。
xiàn qún lóng wú shǒu　jí

【爻辞译文】 "见"，读"现"，呈现。"无首"，互敬，不争抢，不唯我独尊之意。

用在乾卦的整体，呈现出分别代表春、夏、秋、冬的四条龙。它们和睦相处，不以首领自居，至为吉祥！

【爻辞释义】 象征四季的群龙如同心手相连的好朋友，秩序井然，不争不抢，依次登场。

【乾 ䷀】

春龙、夏龙、秋龙、冬龙，各个身怀绝技，能力超凡。虽然它们能够上天入地，呼风唤雨，但都相互尊敬，井然有序，从不争强，呈现出一片祥和的状态！

群龙聚，无首吉，
平等相处舟共济。
无为而治谦相敬，
治国治家尊乐礼。

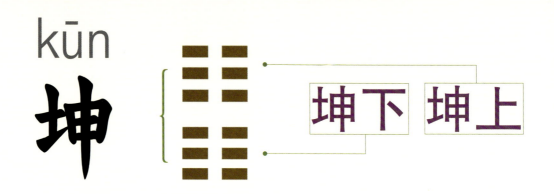

kūn

坤

坤下　坤上

【坤】

坤卦为顺。坤卦的上下二体都是阴。如同丝绸一样柔顺、绵软。

【坤卦卦辞】
kūn　yuán hēng　lì pìn mǎ zhī zhēn　jūn zǐ yǒu yōu wǎng　xiān mí　hòu dé zhǔ
坤，元 亨，利牝马之贞。君子有攸 往 ，先迷，后得主，
lì　xī nán dé péng　dōng běi sàng péng　ān zhēn jí
利。西南得朋， 东 北 丧 朋，安贞吉。

【卦辞释义】
坤卦，意味着开始亨通，适合像母马那样顺从，坚守正道。君子往前走要有目标，开始可能会迷失方向，迷途知返后，可寻得所追求的目标。往西南方向能够得到朋友，往东北方向会失去原有的伙伴，安心顺从地守持正道才能吉祥！

坤卦
百宝锦囊中的宝贝

五　　行：土
颜　　色：黄色
数　　字：二、八
动作状态：服从、柔顺、乖巧
自然景观：大地、土地
活动场所：田间小屋、仓库
人　　物：妈妈、老奶奶、皇后、肚子很大的人、种田的农民
动　　物：母马、牛、羊、猴
人　　体：腹、肉
方　　位：西南
时　　间：13:00—15:00（未时）、15:00—17:00（申时）
物　　象：丝绸、布、箱子、包、公交车、五谷
季节状态：夏末秋初

春 蚕 的 一 生

—— 坤为顺

　　《春蚕的一生》讲述了冬去春来，春蚕宝宝在桑树发芽时破壳而出的故事。

　　春蚕的一生很短暂，成活期仅四十多天。它们在这四十多天的时间里，要经历从蚕卵、蚁蚕、成蚕、吐丝作茧到蚕蛹，再到蚕蛾产卵，最终死亡的不同阶段。

　　虽然生命短暂，但每一条春蚕都从始至终不慌不忙，至为柔顺。它们从容地经历不同的蜕变过程，完成属于自己的完整的生命体验。

　　就这样，一代又一代……

坤卦，初六

【爻辞原文】 履霜，坚冰至。
lǚ shuāng　jiān bīng zhì

【爻辞译文】 脚下踩到霜，说明寒冷的冬天就要到来。

【爻辞释义】 脚踩寒霜，自然知道滴水成冰的寒冬就要到来了。冬天来了，春天距离我们也不远了。

坤☷

窗外的树叶随风飘落，寒冷的冬天即将到来。不要惆怅，因为冬天过后，生机盎然的春天就会到来。

蚕卵里的春蚕宝宝仿佛知道这一切，它们躲在蚕壳里静静地等待着……

初履霜，坚冰至，
万物有序心有持。
天道无语默默行，
见微知著可顺势。

坤卦·六二

【爻辞原文】 zhí fāng dà bù xí wú bú lì
直，方，大，不习，无不利。

【爻辞译文】 直接产生，遍及四方，广大无边，不必刻意修习，
就无不有利。

【爻辞释义】 自然界中的万事万物都是顺其自然产生的。不同物种的基因、独特
的生活特性等，都不是通过刻意调整、努力修炼就能得来的。我们
要做到顺其自然，发挥自然的天性！

坤

蚕宝宝们是一群睡神般的家伙，它们躲在蚕卵里，什么也不做，
从夏天开始，一直睡呀睡。这个懒觉要睡到冬天结束、春天来到。当
春回大地树叶发芽的那一刻，它们不唤自醒，争先恐后地从那小小
的、半透明的蚕壳里钻了出来。

直方大，不修习，
顺其自然无不利。
地坤之道讲顺成，
万事万物寻规律。

坤卦，六三

【爻辞原文】 hán zhāng kě zhēn　huò cóng wáng shì　wú chéng yǒu zhōng
含 章 可 贞，或 从 王 事，无 成 有 终。

【爻辞译文】 富有文采，从不彰显。即使辅佐君王成就大事，也不求奇功，但结局一定美好。

【爻辞释义】 言行举止大方得体，有修养，有内涵，但从不随意显露。才华能力足以担当重任，即使获得成就，也丝毫不会沾沾自喜，或以此邀功求赏。如果这样为人处事，相信最终结局一定会是美好的。

坤☷

　　从一出生，春蚕宝宝就开始了不分昼夜的进餐历程。它们默默地啃食着嫩嫩的桑叶，发出"沙沙"的声响。

　　蚕宝宝有个大本领，无论是雌蚕还是雄蚕，都可以通过自己的身体，把吃掉的所有桑叶毫无保留地转化为轻柔的丝线，提供给人类。

含章美，贞恒常，

温和处事不显彰。

功名利禄身外放，

结局美好自安康。

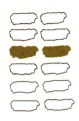

坤卦，六四

【爻辞原文】 括囊（kuò náng），无咎无誉（wú jiù wú yù）。

【爻辞译文】 "括"，扎紧。"囊"，口袋。

扎紧口袋，谨慎从事。没有过失，不求赞誉。

【爻辞释义】 做任何事都要谨慎小心，必要时可以暂停下来，验证一下前进的方向，不能急于进取、一味地向前。

此时不求赞誉，只为没有差错，远离灾祸。

坤

春蚕在成长过程中，要经历多次休眠、蜕皮的过程，此时的蚕宝宝会不吃不喝。

不要小看这蜕皮的过程，通过休眠、蜕皮，蚕宝宝会使自己的身体实现跨越式成长，从破壳时像蚂蚁一样小的黑家伙，逐渐变成白白胖胖、动作柔缓的成年蚕。

扎袋囊，无誉错，

稳妥从事方无过。

无咎无害亦知足，

谨言慎行免灾祸。

坤卦，六五

【爻辞原文】 黄 裳，元吉。
huáng cháng　yuán jí

【爻辞译文】 穿上黄色的下裙，至为吉祥。

【爻辞释义】 黄色在古代被视为吉祥色，身穿黄色的服饰，代表身份无比尊贵。难得之处在于，如此彰显身份的色彩，没有按常规用在显眼的上衣，而是低调地用在下裙。这说明不仅身份尊贵、行事低调，而且有内涵，所以至为吉祥！

坤

　　成年蚕经过二十天左右的进食，开始进入吐丝作茧的阶段，这也是春蚕短暂一生中最辉煌的时刻。

　　从那一刻起，它们会不分昼夜地将吃掉的所有桑叶，毫无保留地转化为柔软的丝线。它们左右摇摆，慢慢地用吐出的丝线一层一层从薄到厚把自己包裹其中，变成椭圆形的蚕茧。

黄下裙，元吉祥，
柔顺之德享安康。
固守中道无争取，
厚德载物柔化刚。

坤卦，上六

【爻辞原文】 lóng zhàn yú yě　qí xuè xuán huáng
龙 战 于 野，其 血 玄 黄。

【爻辞译文】 阴至极而阳始生，阴阳和合万物生，从此血脉相连。

【爻辞释义】 "物极必反"说的就是阴极阳生的转变。生命就是这样从孕育到出生，从成长到壮大，再到衰老，直到死亡。

这是自然界每一个物种生长发展的自然规律。听起来很悲壮，但这悲壮的背后，是新生命的不断孕育，一代又一代，生生不息。

坤

春蚕在吐尽蚕丝的那一刻，身体开始萎缩，慢慢变为通体黄褐色的蚕蛹。

经过两到三周的时间，蚕蛹会破茧化蛾，从蚕茧内钻出，走向它生命的最后阶段。

雌蚕蛾耗尽所有的力气，产出一粒粒淡黄色的蚕卵……春蚕短暂的一生就这样结束了。

坤至极，始生阳，
和合共济万物长。
血脉相连起玄黄，
生生不息永世常。

坤卦，用六

【爻辞原文】 lì yǒng zhēn
利永 贞。

【爻辞译文】 用在坤卦整体，有利于永久持守正道。

【爻辞释义】 自然界中的万事万物都有自己的生存规律。
生命正是在这样的自然规律中不断地繁衍生息。

一季又一季，周而复始。蚕卵成长为新的春蚕，需要经过炎热的盛夏、凉爽的金秋和寒冷的冬季，待到来年春天，新的生命将会重新破壳而出。

坤 ䷁

利永贞，永正固，
天人合一需守护。
和谐有序共生存，
遵循天道德载物。

画说 周易

【震巽】册

王雅琴　著

齐鲁书社
·济南·

zhèn
震

震下　震上

震卦为雷，为震响，为动，代表着春天。天上春雷阵阵，地下百虫百草开始蠕动活跃起来，是上震下动充满生机的景象。

【震卦卦辞】 zhèn hēng　zhèn lái xì xì　xiào yán yǎ yǎ　zhèn jīng bǎi lǐ　bú sàng bǐ chàng
震，亨。震来虩虩，笑言哑哑，震惊百里，不丧匕鬯。

【卦辞释义】 "虩虩"，因恐惧而环顾四周。"哑哑"，从容应对而不惧。"丧"，掉落。"匕"，祭祀时手持的器具。"鬯"，祭祀时用的香酒。

震卦，震天动地，万物通达。听到雷声而感到惶恐畏惧，不是坏事。这是提醒人们要有所警惕，反躬自省，谨慎从事！

后来遇到突发事情，反而能做到沉着镇定、处变不惊，在雷声轰鸣、震耳欲聋、响彻百里之时，还能有条不紊，专注做事，丝毫不受惊扰。

【震☳】

五　　行：	木
颜　　色：	绿
数　　字：	三、四
动作状态：	响动、上升、进步、勇敢、仁慈、躁动……
自然景观：	雷、春雨、雷电、地震、火山喷发
人　　物：	男子汉、大儿子、指挥员
动　　物：	兔、龙、鹰、百虫、蜂、蝶、善鸣叫的马
人　　体：	足、腿、肝脏、筋
方　　位：	正东
时　　间：	5:00—7:00（卯时）
物　　象：	乐器、器皿、舟车
季　　节：	春天

震卦
百宝锦囊中的宝贝

春天来啦

—— 震为雷，震为震响，震为春天

　　《春天来啦》讲述了在惊蛰时节，隆隆的春雷惊醒了沉睡的动物，动物们纷纷以不同的方式，迎接春天的到来。

　　《月令七十二候集解》："惊蛰，二月节……万物出乎震，震为雷，故曰惊蛰。是蛰虫惊而出走矣。"

　　动物入冬藏伏，不饮不食，称为"蛰"。天气回暖，渐有春雷，而惊蛰古称"启蛰"，即上天以雷声惊醒蛰居动物的日子，也由此拉开了震卦故事的序幕。

　　惊蛰三候：一候桃始华，二候仓庚（黄鹂）鸣，三候鹰化为鸠。

　　惊蛰是二十四节气中的第三个节气，更是干支历"卯月"的起始，卯对应的是十二生肖中的"兔"，于是引出春天兔子来敲门……

震卦，初九

【爻辞原文】 zhèn lái xì xì hòu xiào yán yǎ yǎ jí
震来虩虩，后笑言哑哑，吉。

【爻辞译文】 "虩虩"，因恐惧而环顾四周。"哑哑"，从容应对而不惧。

遇事有畏惧之心，能做到反躬自省，再遇突发事件时，才能从容应对而不惧，吉祥！

【爻辞释义】 初闻春雷响起，第一反应是惶恐畏惧，但这不是坏事，要借机反躬自省，这样再遇突发事件时，才能从容镇定、有条不紊、沉着应对。只有具备这样的心理素质，才能成就大事。

（震☳）

随着春雷一声震响，兔子为之一颤。它迟疑了一下，马上迫不及待、高兴地去敲久未谋面的好朋友青蛙家的门。

兔子大声地喊："小青蛙、小青蛙，别睡啦，你都睡了一冬啦，快快出来，咱们去找小伙伴们玩吧！"

春雷震，惊蛰到，
兔子欢快把门敲。
冬眠伙伴快快醒，
不必惊慌春来了。

震卦，六二

【爻辞原文】 zhèn lái lì yì sàng bèi jǐ yú jiǔ líng wù zhú qī rì dé
震来厉，亿丧贝，跻于九陵，勿逐，七日得。

【爻辞译文】 "亿"，很多。"丧"，失去。"贝"，古时用贝壳作为钱币，而对于小动物来说，它代表食物。"跻"，登山。"九陵"，高山。"逐"，追赶，寻找。

震响更加严重，损失了很多财产。登高远眺，不用去寻找遗失的东西，相信过不了多久，就会失而复得。

【爻辞释义】 "震来厉"，雷声阵阵，此起彼伏。"七日得"代表经过一个周期，不是指刚好七天。

【震☳】

小松鼠还在睡梦中，被雷声和兔子、青蛙的阵阵叫声唤醒。

它兴奋地跑出洞穴，欢快地与小伙伴们打着招呼，并将过冬前储存的食物，慷慨地拿给小伙伴们分享。

它们一起跳到山岗的桃树枝上，看到粉嫩的桃花展开了笑脸，都开心地欢呼："春天真的来啦！"

伴随着阵阵春雷声，春天来了！过不了多久，这山中林间，自然不会缺少好吃的食物。

震来厉，失与得，
大方分享不吝啬。
登高远眺心欢喜，
桃花绽放满山壑。

震卦，六三

【爻辞原文】 zhèn sū sū　zhèn xíng wú shěng
震苏苏，震行无眚。

【爻辞译文】 "苏苏"，畏惧不安状，因胆小而心神不定、惶恐不安。"眚"，过失。

震响导致内心惶恐不安，于是顺着震响前去寻找原因，这样做没有问题。

【爻辞释义】 既然糊里糊涂地惶恐不安，不如去了解震响的原因，索性弄个明白，以摆脱内心的恐惧。

【震】

　　一群胆小的蚂蚁也被春雷声惊醒。它们惶恐不安，都小心谨慎地从巢穴里探出头来，看看它们盼望已久的春天是不是真的来了。

震雷声，轰隆隆，
蚂蚁各个惊惶恐。
自告奋勇探究竟，
春天到来引雷动。

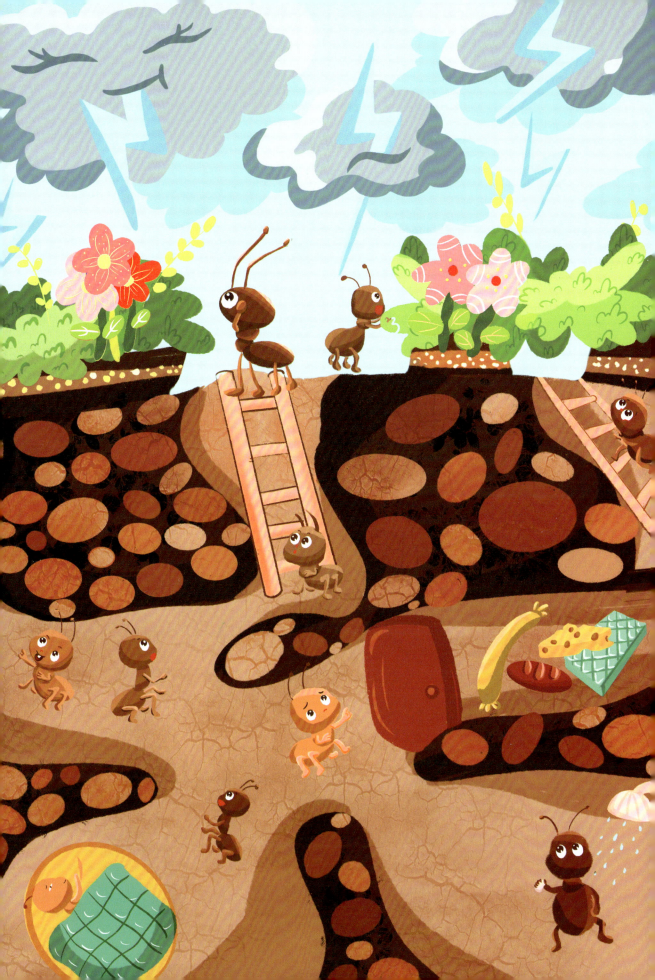

震卦，九四

【爻辞原文】 震 遂泥。
zhèn suí ní

【爻辞译文】 "遂"，就，随顺。"泥"，陷入。
震响的威力没能得到充分发挥。

【爻辞释义】 "震遂泥"说明春雷的震响没有带来警醒和振奋作用。

震

　　春雷并不能唤醒所有的动物，比如在炎夏最爱鸣叫的知了。它们一生中绝大部分时间不是生活在高高的树枝上，而是躲在深深的地下睡觉。睡得时间短的要睡上两三年，而最贪睡的知了，一觉要睡上十七年。等到彻底睡饱，才伸伸懒腰，慢吞吞地从地下爬到树梢，开始它们整个夏天高亢嘹亮的鸣叫……

贪睡虫，有知了，
深藏地下育蝉宝。
有朝一日攀树梢，
一鸣惊人炎夏到。

震卦，六五

【爻辞原文】 震 往 来 厉，亿 无 丧，有 事。
zhèn wǎng lái lì yì wú sàng yǒu shì

【爻辞译文】 春雷的响声此起彼伏，震耳欲聋，更加令人恐慌，但不会出现任何损失，一场春雨即将到来。

【爻辞释义】 "有事"多译为"祭祀"。祭祀多是为了祈求上天赐福，保佑国泰民安、风调雨顺。

【震】

春雷声阵阵，风起云涌，天空变得昏沉沉的。刚刚从洞穴里跑出来的小动物们又纷纷东躲西藏找地方来避雨。

相反，春雨的到来会让田间的麦苗，以及小花、小草开心不已。它们急切地期盼着春雨的到来。

雷阵阵，雨水浇，
急忙躲避快快跑。
返青麦苗直直腰，
花草树木微微笑。

震卦，上六

【爻辞原文】

zhèn suǒ suǒ　shì jué jué　zhēng xiōng　zhèn bù yú qí gōng yú
震索索，视矍矍，征凶。震不于其躬于

qí lín　wú jiù　hūn gòu yǒu yán
其邻，无咎。婚媾有言。

【爻辞译文】 "索索"，心神不宁、恐惧不安的样子。"矍矍"，惊
恐过甚、目光涣散的状态。"征"，继续发展。"躬"，
自身。"婚媾"，嫁娶，这里指最亲近的家人。

【爻辞释义】 震响使人心神不宁、目露惶恐，再继续发展，将会带来凶险。恐惧
不是源于自身，而是由于周围强烈的震响。遇到突如其来的震响，
如果不过度恐惧，反而把其当作警示予以防备，这样做就没有咎
害。在恐惧的状态下，即使最亲近家人的安抚劝说也帮不到你，只
能靠自己去领悟。

【震】

在阵阵春雷声中，平日高傲地翱翔于天空的老鹰许多天都不见踪
影。原来在这万物复苏的惊蛰时节，它要换羽毛。

老鹰旧羽脱落，新羽待丰。它意志消沉，目光涣散，早已没了往日
的威武神气。老鹰错误地认为是惊雷的震响造成它羽毛脱落。

这时，它恰巧看到往日的好友黄鹂，于是开口与站在枝头正悦耳鸣
叫的黄鹂搭讪："美丽的黄鹂，我是你的好友雄鹰……"没成想，黄鹂停
止鸣叫，转过头来看着它，先是发愣，接着猛然嘲笑道："雄鹰？明明是
斑鸠，还能骗得了我黄鹂？"说完，扇动翅膀，头也不回地飞走了。

鹰羽落，黄鹂鸣，
仲春惊蛰三候景。
繁华始自春萌动，
秋季到来鸠化鹰。

xùn

巽

巽下 巽上

巽卦为谦逊，为讯息。下卦为内卦，代表思想；上卦为外卦，代表行动。说明思想、语言及行动都要做到谦逊、统一。

【巽卦卦辞】 巽，小亨，利有攸往，利见大人。
xùn xiǎo hēng lì yǒu yōu wǎng lì xiàn dà rén

【卦辞释义】 巽卦，小事通达，适宜往前走，有利于遇到德行高尚、志趣高远的人。

【巽 ䷸ 】

巽卦
百宝锦囊中的宝贝

五　　行：木
颜　　色：绿、青、碧
数　　字：五、四
动作状态：谦逊、讯息、号令、进退、敢为、小气、进入、顺从、嗳唷……
自然景观：风
人　　物：大女儿、老师、商人
动　　物：鸡、鸭、鹅、龙、蛇，带鱼、鳗鱼等细长的鱼
人　　体：长发、血管、气管
方　　位：东南
时　　间：7:00—9:00（辰时）、9:00—11:00（巳时）
物　　象：百草、扇、细长又直的物品、绳、羽毛、香料、帆、丝弦乐器、邮件
季节状态：春末夏初

骄傲的公鸡

—— 贵为谦逊，贵为鸡

　　《骄傲的公鸡》讲述了本来每天主动叫醒鸭和鹅等伙伴们的公鸡，很受大家尊敬，但时间一长，它慢慢骄傲了……

　　一天，公鸡想戏弄鸭妈妈取乐，没想到这个行为却让自己深受其害。

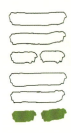

巽卦，初六

【爻辞原文】 进退，利武人之贞。
jìn tuì　　lì wǔ rén zhī zhēn

【爻辞译文】 "进退"，摇摆不定，心神不定，意志不坚。
意志要像勇武的人那样坚定不移。

【爻辞释义】 事情做得不偏，但想法摇摆不定。思想与行动要保持一致，要像习武的人那样，刚健果决。

巽

大公鸡每天都是第一个起床，叫醒其他
伙伴们。大家都很真诚地感谢和赞美大公鸡。
大公鸡本来做得很好，但时间一长，它慢慢骄傲了起来，渐渐
地认为自己很了不起。它得意地自言自语道："如果没有
我大公鸡，太阳每天都不一定能早起……"

进退巽，利武坚，
气定神闲不移偏。
遇事果断心意定，
言行合一守正念。

18

巽卦，九二

【爻辞原文】 <ruby>巽<rt>xùn</rt></ruby><ruby>在<rt>zài</rt></ruby><ruby>床<rt>chuáng</rt></ruby><ruby>下<rt>xià</rt></ruby>。<ruby>用<rt>yòng</rt></ruby><ruby>史<rt>shǐ</rt></ruby><ruby>巫<rt>wū</rt></ruby><ruby>纷<rt>fēn</rt></ruby><ruby>若<rt>ruò</rt></ruby>，<ruby>吉<rt>jí</rt></ruby><ruby>无<rt>wú</rt></ruby><ruby>咎<rt>jiù</rt></ruby>。

【爻辞译文】 "巽"，讯息，问候。"床下"，比喻不光明正大。
"史巫"，沟通天地的人。
看似关切的问候，却是充满阴阳怪气的调侃。利用
史巫分辨问候的真实用意，吉祥，没有灾祸。

【爻辞释义】 表里不一的"友好"问候，实际上是故意戏弄。

巽

一天，大公鸡飞上了河边的柳树枝，
刚巧看见鸭妈妈正带着小鸭在河中玩水。大公鸡眼珠一转，
准备调侃鸭妈妈。于是，大公鸡大声喊："嗨，老母鸭、老母鸭，带着
你的小鸭到树上来玩儿吧？"鸭妈妈憨憨地摇摇头说："还
是公鸡大哥的本领大，我和小鸭只会划划水，飞
上树的本事真没有。"

明关切，暗笑憨，
实则用意难分辨。
诚意相待互尊重，
不会闲来招祸端。

巽卦，九三

【爻辞原文】 频(pín)巽(xùn)，吝(lìn)。

【爻辞译文】 "频"，频繁。"吝"，悔恨，代表不自知的凶险。

频繁地戏弄、嘲讽，最终会招来灾祸，令自己悔恨。

【爻辞释义】 不友好地再三调侃，最终会给自己招来灾祸。

"悔"与"吝"的区别：

"悔"，做错了，懊悔，自知错，趋势向吉；

"吝"，做错了，不自知，趋势向凶。

巽 ䷸

听到鸭妈妈的回答，再看到鸭妈妈的憨态，大公鸡忍不住笑得前仰后合，嫌弃地大声嘲笑鸭妈妈："哈哈哈，不是我说你，真是一只大笨鸭！"话刚说完，大公鸡一不小心没站稳，"噗通"一声掉进了河塘里，瞬间成了落汤鸡。

频调侃，悔吝至，
损人后果食方知。
得意忘形伤和气，
尊重友爱绵福祉。

巽卦，六四

【爻辞原文】 *huǐ wáng　tián huò sān pǐn*
悔 亡，田 获 三 品。

【爻辞译文】 "田"，地。"获"，获救。"品"，位。

悔恨消失，因为有田间伙伴们的合力相助。

【爻辞释义】 "三"代表多，如同"飞流直下三千尺"，不是正好"三千尺"一样。

巽 ䷸

都知道大公鸡不会水，扑腾了
半天白费力。鸭妈妈瞧见没犹豫，上
前搭救大公鸡。还高声呼喊路过的鹅大叔和牛
二伯上前来帮忙，总算连拉带拽把魂
飞魄散的大公鸡拖上岸。

惊无险，悔消亡，
你拉我拽不慌张。
关键时刻齐帮忙，
真诚相待记心上。

巽卦，九五

【爻辞原文】 zhēn jí huǐ wáng wú bú lì wú chū yǒu zhōng xiān gēng sān rì hòu gēng sān rì jí
贞吉悔亡，无不利。无初有终，先庚三日，后庚三日，吉。

【爻辞译文】 "贞"，正道。"初"，开始。"庚"，天干的第七位，古人用十天干记日。

坚持正道才会吉祥，悔恨的事才会随之消失，最终无往而不利。在事情刚开始的时候，可能领悟不到，但一旦领悟了就认真去做，这样才会有好的结果。

认识事物需要一个过程，如此才能吉祥！

【爻辞释义】 "先庚三日，后庚三日"是指认识事物需要一个过程，要慢慢领悟。

【巽 ䷸】

虽然大公鸡羞得无地自容，
但是没有一个小伙伴嘲笑它。大家看大公鸡没有生命
危险，也都松了一口气……失魂落魄的大公
鸡在病床上躺了一周，也想了一周，
它为自己的言行懊悔不已！

行正道，无不利，
困窘消失方可吉。
彻底领悟待时日，
虽也波折终有喜。

巽卦，上九

【爻辞原文】 xùn zài chuáng xià　sàng qí zī fǔ　zhēn xiōng
巽在 床 下，丧其资斧，贞 凶。

【爻辞译文】 "巽在床下"，这里指不当的行为。"丧"，付出。
"资斧"，代价。

行为不当，必将付出代价。知错后，要不惜余力及时地
改正，如果执迷不悟，会招来更大的灾祸。

【爻辞释义】 行为不端必受其害，必将付出惨痛的代价。如果不接受教训，继续
坚持错误的行为，将会有更大的凶险。

巽 ☴

趴窝数日的大公鸡，终于恢复了往日的神气。
有了落汤鸡的经历，大公鸡也彻底清醒了。它改掉了骄
傲的坏毛病，和小伙伴们真心友善地相处，
不再随便吹牛皮。

对与错，心自清，
伙伴包容得安宁。
诚心悔改势必行，
一鸣天下贞光明。

画说 周易

【坎离】册

王雅琴　著

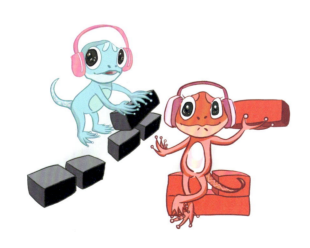

齐鲁书社
·济南·

kǎn

坎

坎下 坎上

坎卦为险，也为陷。坎卦的上下二体都是一阳在两阴之中，代表身陷危险，要有顽强不屈战胜困难的必胜信念。

【坎卦卦辞】 *xí kǎn   yǒu fú   wéi xīn hēng   xíng yǒu shàng*
习坎，有孚，维心亨，行有尚。

【卦辞释义】（面对）重重艰险，拥有坚定战胜困难的信念，内心通达，处事不惊，沉着应对，才能最终走出困境。

坎卦
百宝锦囊中的宝贝

五　　行：	水
颜　　色：	黑、蓝
数　　字：	一、六
动作状态：	困难、艰险、辛劳、忙碌、聪明
自然景观：	雨、雪、霜、满月
人　　物：	中年大叔、数学家、书法家
动　　物：	鱼、老鼠、猪、脊椎动物
人　　体：	肾、耳朵、血液
方　　位：	正北
时　　间：	23:00—1:00（子时）
物　　象：	酒水、海鲜、猪肉
季　　节：	冬天

大马哈鱼的故事

—— 坎为困难，坎为艰险，坎为鱼

这是个凄美而动人的故事。

这个故事讲述了生活在海洋里的大马哈鱼海力和小美做了一个决定，要回到它们的出生地——淡水湖去产宝宝。这个决定很不寻常，预示着它们从此踏上了充满艰险且要承受各种磨难的旅程……

坎卦，初六

【爻辞原文】 习坎，入于坎窞，凶。
xí kǎn　rù yú kǎn dàn　xiōng

【爻辞译文】 "习"，重重。"窞"，坎中低险处。

面对重重艰险，陷入难以想象、无法自拔的险境之中，极其凶险。

【爻辞释义】 刚刚迈进坎卦，就预示着拉开了经历艰险的序幕，开始面临未知的危险，一个险境接着另一个险境。

【坎 ䷜】

在浩瀚的海洋里，生活着一群美丽的大马哈鱼。在这群大马哈鱼中，有一条雌鱼叫小美，还有一条雄鱼叫海力。

它们在这个秋天做了一个重要决定：要和伙伴们一起，从现在生活的大海，逆流而上，回到它们出生的淡水湖去产宝宝。

这可不是一个寻常的决定，因为这预示着它们从此踏上了一条充满艰险的未知路，很难再回到它们现在生活的大海里了。

坎中坎，称习坎，
路途注定不平凡。
困苦艰难无所惧，
结伴相约达夙愿。

坎卦，九二

【爻辞原文】 坎 ^{kǎn} 有 ^{yǒu} 险 ^{xiǎn}，求 ^{qiú} 小 ^{xiǎo} 得 ^{dé}。

【爻辞译文】 困难、危险重重，只有从细小之处入手，才能谋求到脱险的良方。

【爻辞释义】 处险而不为险所困，内心沉着冷静，从实际出发，不求大得求小得，才能慢慢脱离重重险境。

坎

　　小美、海力和它们的伙伴们出发了。它们这一路上需要穿越浩瀚的海洋，经过浅滩峡谷、急流瀑布，克服重重艰险。

　　它们还可能会遇到鲨鱼、狼、老鹰等来自海、陆、空各处的敌人。小美、海力和伙伴们必须躲过这些坏蛋，进入内陆河流，万分小心谨慎，才能脱离危险。

　　然而，许多小伙伴跨越不过这一难关，最后只能被留在这里。

坎有险，难中陷，
内心坚定孚当先。
以小谋大不逞强，
奋力前游冲向前。

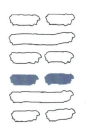

坎卦，六三

【爻辞原文】 lái zhī kǎn kǎn   xiǎn qiě zhěn   rù yú kǎn dàn   wù yòng
来之坎坎，险且枕，入于坎窞，勿用。

【爻辞译文】 "来之"，进、退。"枕"，作"沉"，沉者，深也。无论前行还是后退，都无法摆脱艰险，并且还存在一些未知的风险，处境艰难，四面楚歌。在如此险恶的环境中，千万不可轻举妄动。

【爻辞释义】 前行与后退都艰险异常，身处如此险境，必须冷静应对，不能乱了方寸，更不能鲁莽行事。

坎 ☵

　　更糟糕的问题出现了！由于小美、海力和伙伴们不能适应淡水的环境，所以它们一路上都不能吃东西，只能靠身体里储存的能量继续前进。它们还要穿越大棕熊的栖息地，可以说，这是一场生死挑战。

坎复坎，险象生，
内忧外患不堪行。
枕伏静候自倚重，
掠过险地死逃生。

坎卦，六四

【爻辞原文】 zūn jiǔ　guǐ èr　yòng fǒu　nà yuē zì yǒu　zhōng wú jiù
樽酒，簋贰，用缶，纳约自牖，终无咎。

【爻辞译文】 "樽"，酒器。"簋"，圆形饭器。"缶"，质朴无纹理的瓦器。"纳约"，送入。"牖"，窗户。

一樽薄酒，两簋淡食，用缶盛上，从窗户送入（以此表示特殊环境或恶劣条件下的诚心相待），最终没有灾祸。

【爻辞释义】 危难时刻见真情。在危难的环境里，用最真诚的方式待人，即使呈现的方式非常简陋，也丝毫不会让人怀疑其真诚的用心。

坎

历经磨难的小美、海力和剩下的为数不多的伙伴们，终于到达了目的地，也就是它们的出生地——淡水湖。

雄鱼海力不顾一路长途跋涉的辛劳，游来游去，反复挑选、比较，最终选择好一个位置，为雌鱼小美筑巢。

它用尾鳍（qí）反复拍打砂砾（lì），筑成一个舒适的小窝，让小美在这里安心地产卵。

险境中，患难情，
举手投足见分明。
形式虽简诚意满，
相伴始末路齐行。

坎卦，九五

【爻辞原文】 坎不盈，祇既平，无咎。
kǎn bù yíng　zhī jì píng　wú jiù

【爻辞译文】 "盈"，满。"祇"，恭敬，怀有诚心。

艰险之时，尚未走出困境，但路途逐渐趋于平坦（实现了阶段性的目标），满怀诚心，没有灾祸。

【爻辞释义】 虽然艰险之路还没有走到尽头，困难仍然伴随左右，但可以感觉到平坦之路就在前方，继续以诚相待，没有灾祸。

【坎】

此时，雄鱼海力已耗尽了全部力气。小美产完卵，出于保护鱼卵的目的，小心翼翼地拍打砂砾，埋好刚刚产下的鱼卵宝宝。这样，从外面便看不出鱼卵的痕迹。

做完这些，它们还是不放心，日夜守护在鱼卵的旁边，时刻警惕着上空盘旋的水鸟。一旦大意，它们就有可能痛失这些鱼卵宝宝。

为了不让水鸟侵犯鱼卵，小美和海力时刻准备用身体来保护它们的孩子。

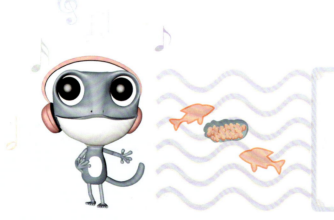

虽不盈，坎渐平，
三千公里征途情。
一路磨难终不悔，
奉献传承新生命。

坎卦，上六

【爻辞原文】 xì yòng huī mò zhì yú cóng jí sān suì bù dé xiōng
系用徽纆，置于丛棘，三岁不得，凶。

【爻辞译文】 "系"，捆。"徽纆"，捆绑的绳索。三股为徽，两股为纆。"置"，囚禁。"三岁"，很久。

被绳索捆绑，困在荆棘丛中，很久都无法解脱，凶险。

【爻辞释义】 被捆绑后又困在荆棘丛中，坐以待毙，动弹不得。几乎没有逃脱的可能，处境无比凶险。

【坎 ☵】

小美和海力一路披荆斩棘，浑身上下满是伤痕，钻心地疼痛。此时的它们已经寸步难行，最后唯一能做的，就是贡献出自己的身体，给刚刚孵化出的幼鱼做养料。等到鱼宝宝们长大一些，再替代小美和海力回到它们曾经生活过的浩瀚海洋。

周而复，运相重，
代代生息皆相同。
付出不为求索取，
安乐危机辨吉凶。

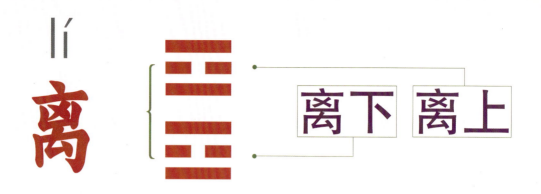

离 lí

离下 离上

离为太阳，为附丽。离上下二体，如同太阳本身，代表美好的自然现象。

【离卦卦辞】 lí lì zhēn hēng xù pìn niú jí
离，利贞，亨；畜牝牛，吉。

【卦辞释义】 离卦象征附丽，有利于确立正确的附丽对象，亨通畅达；同时，慢慢磨炼出像母牛那样温和的品格，吉祥。

离

五　　行：火
颜　　色：红
数　　字：三、九
动作状态：美丽、附丽、热烈、光明
自然景观：太阳、彩虹、霞光
人　　物：中年阿姨、明星、文化人、
　　　　　艺术家、画家
动　　物：马、螃蟹、乌龟，带硬壳
　　　　　的贝、螺
人　　体：心脏、眼睛
方　　位：正南
时　　间：11:00—13:00（午时）
物　　象：图书馆、画廊、厨房、明窗、
　　　　　烤肉、灶
季　　节：夏天

离卦
百宝锦囊中的宝贝

太阳与附着于太阳的美丽

—— 愿为太阳，愿为光明，愿为附丽

　　《太阳与附着于太阳的美丽》展现了一天之中清晨、正午、黄昏不同时间段的太阳，及其带给自然界的不同变化，以及由太阳所产生的壮观又美妙梦幻般的绚丽景象。

离卦，初九

【爻辞原文】 履错然，敬之，无咎。
lǚ cuò rán　jìng zhī　wú jiù

【爻辞译文】 "履"，行。"错"，交错。"敬"，恭敬谨慎。行事方式积极向上，行事态度恭敬谨慎，不会产生过错。

【爻辞释义】 初九爻的位置处在离卦的最下方，展现出清晨日出之始的状态。

离 ☲

清晨，太阳缓缓地从东方升起，美好的一天就这样开始了。

露珠在阳光的映照下是那么晶莹剔透，一只瓢虫小心翼翼地向它靠近，好像生怕打破了这晨光中的宁静。

离为日，始东明，
万物逐渐睡梦醒。
晨露剔透又晶莹，
百花争艳笑盈盈。

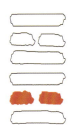

离卦，六二

【爻辞原文】 huáng lí yuán jí
黄 离， 元 吉。

【爻辞译文】 "黄"，黄色，古时审美观念中吉祥、高贵的颜色。
"元"，大。
用吉祥、中正适宜的黄色，附丽于万物，大为
吉祥。

【爻辞释义】 离卦六二"黄离，元吉"与坤卦六五"黄裳，元吉"都表达出至美
至善、无可挑剔的美好之意。

离 ䷝

一天当中阳光最明媚的时候就是正午，太阳发出耀眼
的光芒，把四周照得金灿灿的。小花猫享受着阳光，全身
放松，眯起双眼，准备睡个幸福的午觉。

黄离吉，持中道，
尽享暖阳光普照。
待人行事讲中和，
四方得意同舜尧。

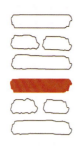

离卦，九三

【爻辞原文】 rì zè zhī lí　bù gǔ fǒu ér gē　zé dà dié zhī jiē　xiōng
日昃之离，不鼓缶而歌，则大耋之嗟，凶。

【爻辞译文】 "日昃"，太阳偏西，天近黄昏之时。这里比喻人生的老年阶段。"耋"，垂暮老人。"嗟"，哀叹。夕阳西下，临近黄昏，此时，若不伴随日落即兴敲起缶自乐而歌，反而如暮年老者哀叹时日不多，这种心境就太危险啦！

【爻辞释义】 不能因为太阳即将落山而不舍和哀叹，要懂得享受不同时间阶段、不同状态的美好。

【离 ☲ 】

夕阳快要落下，余辉洒满整个池塘。青蛙呱呱叫，野鸭叫嘎嘎，一起演奏着夏日黄昏的乐章。

即使落日会带走最后一丝光亮，让我们渐渐进入黑暗，那也不必难过，更不用忧伤！让我们和静落在草尖、枝丫上的夏日精灵一起，在夕阳的映照下，尽情地享受这美好的时光。

日昃离，击缶歌，
暮年哀叹要不得。
无限憧憬在夕阳，
乐观尽享每一刻。

离卦，九四

【爻辞原文】 突如其来如，焚如，死如，弃如。
　　　　　　　tū rú qí lái rú　fén rú　 sǐ rú　 qì rú

【爻辞译文】 火红的朝霞喷薄而出，绚烂夺目，但它终究短暂，
　　　　　　　不能长久地附丽于天空，并且消失的速度极快，转
　　　　　　　瞬即逝。

【爻辞释义】 离卦之下卦三爻分别在讲早、中、晚的太阳及其带给自然界的不同
　　　　　　　景象，离卦之上卦三爻在说附丽于太阳而形成的自然现象，九四爻
　　　　　　　在描写朝霞的绚烂。

又是一天的清晨。鲜红的朝霞如同躁动的火焰喷薄而出，映红了天边，极其绚烂。

芦苇丛中腾空飞起一只野鸭，好像刚刚从睡梦中醒来，为眼前绚烂奇幻的景象所惊飞。它扇动着翅膀，与眼前的美景交相辉映。

当你还沉浸在这美妙梦幻般的霞光中时，它却渐渐从你眼前消失。仿佛刚才什么也没有发生，只是做了一场梦。

如梦离，突然至，
焚如死如弃如是。
不温不火倡明道，
繁华绚丽转瞬逝。

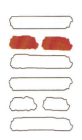

离卦，六五

【爻辞原文】 出涕沱若，戚嗟若，吉。
chū tì tuó ruò　　　qī jiē ruò　　jí

【爻辞译文】 大雨滂沱，悲戚嗟叹，终获吉祥。

【爻辞释义】 六五爻在描写风雨之后的景象，这源于附丽于太阳的彩虹所呈现出的绚丽。

离

　　没有任何征兆，瞬间乌云密布，狂风大作，天昏地暗，大雨滂沱……但没过多久，风停雨歇，太阳渐渐露出了笑脸，一道绚丽的彩虹挂在天边。

　　蜗牛慢吞吞地从壳里爬出来，爬过花茎，爬上花苞，踮着脚，向彩虹问好。

涕沱若，戚嗟若，
风雨席卷花叶落。
太阳重现绽笑脸，
彩虹绚丽天地阔。

离卦，上九

【爻辞原文】 wáng yòng chū zhēng　yǒu jiā zhé shǒu　huò fěi qí chǒu　wú jiù
王 用 出 征 ，有嘉折 首 ，获匪其丑，无咎。

【爻辞译文】 "王"，象征光明的主宰，即太阳。"征"，讨伐、
驱赶。"嘉"，嘉奖。"折"，斩获。"有嘉折首"，
指赏罚分明。"首"，比喻黑暗。

太阳带来光明，它公正并且赏罚分明，不殃及其
他，只驱赶黑暗。悬挂在夜空中的星星及月亮一直
在那儿，安然无恙。

【爻辞释义】 上九爻描写了日月同辉的自然景象。

离

太阳作为光明的主宰，驱赶着黑暗。而我们常常在夜
空中看到的星星和月亮，其实不管是白天还是夜晚，一直
都在那里！只是绝大部分时间，太阳的光芒过于明亮，遮
住了星星和月亮依附于太阳的光亮。但有时我们仰望天
空，偶尔也可以看到日月同辉的景象。

明之主，驱黑暗，
日月同辉挂天边。
虽说星月夜相伴，
月影偶尔昼可见。

画说 周易

【艮兑】册

王雅琴 著

齊魯書社
·济南·

gèn
艮

艮下　艮上

艮卦为止。止分两种：一种是止于行，即坚持干什么，最终落实在行动上；另一种是止于止，即坚决不干什么。止于止是止，止于行也是止。

【艮卦卦辞】 gèn qí bèi　bú huò qí shēn　xíng qí tíng　bú jiàn qí rén　wú jiù
艮其背，不获其身；行其庭，不见其人，无咎。

【卦辞释义】 在人的背后停下来，不知道那人是谁。艮卦六爻的每一爻都在说不同位置的停止，上下爻之间近在咫尺，却互不影响，如同人自如地穿行在庭院中，而不会相互影响打扰一样，没有灾祸。

【 艮 】

艮卦
百宝锦囊中的宝贝

五　　行：土
颜　　色：土黄
数　　字：七、八
动作状态：停止、静止、阻挡
自然景观：云、山、小路、小石
人　　物：小男孩
动　　物：猫、老虎、牛、狗
人　　体：鼻、手、背
方　　位：东北
时　　间：1:00—3:00（丑时）、
　　　　　3:00—5:00（寅时）
物　　象：房子、门、桌子
季节状态：冬末春始

猫教老虎学本领

—— 艮为停止，艮为猫，艮为虎

《猫教老虎学本领》讲述了猫教老虎不管是做事还是说话，在知道进取的同时，还要知道停止，最重要的是要掌握停止的时机。

艮卦，初六

【爻辞原文】 艮其趾，无咎，利永贞。

gèn qí zhǐ　wú jiù　lì yǒng zhēn

【爻辞译文】 "艮"，止。"趾"，脚趾。"咎"，灾祸。
初六为脚的位置。在做事之前，意识到不该做就马上停止，没有灾祸，有利于永远守持正道。

【爻辞释义】 人动则脚趾先动。做事情之前要分析利弊，掌握时机，把握分寸，做到稳、准、狠，恰到好处地出击。

【 艮  】

在很久以前，猫是森林的统帅。而现在威武的森林之王——老虎，它的本领、绝技大都是跟猫学来的。开始时，老虎只是躲在远远的地方偷偷观看猫觅食捕猎，它被猫高超的技艺惊呆了。猫的脚上功夫已达到出神入化的境界，何时进，何时止，别提有多精准到位了。

艮其趾，利永贞，
精准进退实践论。
起承转合随心动，
出手无声且无痕。

艮卦，六二

【爻辞原文】 艮其腓，不拯其随，其心不快。
gèn qí féi　bù zhěng qí suí　qí xīn bú kuài

【爻辞译文】 "腓"，腿肚。六二为腿肚的位置。

停止在腿肚，行动起来自己不能做主，只能随着，所以不开心。

【爻辞释义】 腿肚的动与止是受控于大腿的。只有大腿动，腿肚才能动。如同学习会遇到障碍，做事会受到伤害。此时，需要自我控制，哪怕因此而内心困惑、不开心，也都是正常的心理反应。

猫决定收老虎为徒，这可把老虎高兴坏了。

枯燥的学习和锻炼开始了，窜、跑、跳、跃是每天必须练习的基本功。教学严厉的猫师父告诫老虎，想要学到真本事，就要扎扎实实练好基本功。初学乍练的老虎虽然累得小腿打颤，但还是要按照猫师父的要求继续练，心中难免郁闷、不开心。

艮其腓，运受阻，

奔波劳累身受苦。

虽有伤害终无碍，

中正之德自约束。

艮卦，九三

【爻辞原文】 艮其限，列其夤，厉薰心。
gèn qí xiàn　liè qí yín　lì xūn xīn

【爻辞译文】 "限"，分隔，分界。"列"同"裂"，分裂。"夤"，这里指代连接上下体的身体部件。"厉"，危险。"薰"，烧灼。九三为腰胯的部位。

停止在腰胯的位置，导致上下体分裂，十分危险，心里焦灼不安。

【爻辞释义】 当行则行，当止则止。停止的时机和位置不恰当，肯定不会有好的结果。

艮

在学习河中捕鱼技艺时，猫师父给老虎做示范：先是静静等候，看准游来的小鱼，快速出击，准确地抓住鱼。

老虎按照猫师父的指令练习捕鱼，一会儿静止，一会儿出击，手忙脚乱，不得要领，结果猛地冲到水里，不但没有抓到鱼，还扭伤了腰，感觉到撕裂般的疼痛。

行止间，错乱混，
身落难处心忧焚。
失败经历中奋起，
无知无畏难成人。

艮卦，六四

【爻辞原文】 艮其身，无咎。 gèn qí shēn wú jiù

【爻辞译文】 "艮其身"即艮其心，六四为心脏的位置。
心止则不妄行，没有灾祸。

【爻辞释义】 时机适合，当言则言，当行则行；时机不当，则不妄言、不妄行。

艮

　　猫师父耐心地给老虎讲解要领。它告诉老虎：发现猎物时，不要着急，要耐住性子，控制欲望，先静静地观察，等抓住有利时机，再采取行动，这样才能成功。

艮其身，进退知，
柔顺变通避损失。
身法相宜无悔吝，
度量得体无咎时。

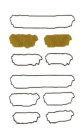

艮卦，六五

【爻辞原文】 gèn qí fǔ yán yǒu xù huǐ wáng 艮其辅，言有序，悔亡。

【爻辞译文】 "辅"，口。六五为嘴的位置。

止于言，说话有度，不妄言，言而有序，悔恨消失。

【爻辞释义】 说话端正并且条理清晰，即使有不完善的地方，也不会造成大的影响。

【艮】

关于捕食、生存的技能，猫只保留了上树的本领以护身，把其他技能都教给了老虎。

猫很早就有一个愿望，它想离开森林王国，去与人为伴。猫最终挑选了老虎作为自己的接班人，让老虎担当起森林之王的重任。

从此，它就可以安心地去寻觅有人间烟火的地方啦！

之前和猫师父学习本领的小老虎，现在已成长为身怀绝技、威猛无比的大老虎了。

老虎向森林中所有的动物郑重承诺：它接替猫师父后，会尽心尽力做好森林之王，让猫师父放心离开。

艮其辅，言诚意，
寡言少叙中正理。
祸从口出终是悔，
虔诚一诺必然吉。

艮卦，上九

【爻辞原文】 敦 艮，吉。
　　　　　　 dūn gèn   jǐ

【爻辞译文】 "敦"，诚恳、厚道。上九为艮卦的终极位置。
　　　　　　 止于诚信、敦厚，吉祥。

【爻辞释义】 言行及接人待物最终都能落实到诚信、敦厚的为人之道上，这样做
　　　　　　 事情，未来一定能够吉祥。

很多年过去了，一代又一代，猫信守了承诺，丝毫没有再留恋森
林王国，而是一直与人类生活在一起，朝夕相伴，悠闲自得。
它目光中偶尔流露出的威严、孤傲，一代一代传承至今，没有丝
毫改变，这也许就是它森林之王的血统所决定的吧！

敦艮吉，表真意，
清静无为莫投机。
敦厚诚信降吉祥，
大音希声始惊奇。

duì
兑

兑下　兑上

兑卦为说，也为喜悦。兑卦的上下二体都是一阴在两阳之上，代表做人中正刚毅，能与人和睦相处。即使遇到困难，也会得到帮助，最终脱离困境，带来喜悦。

【兑卦卦辞】 duì hēng lì zhēn
兑，亨，利贞。

【卦辞释义】 兑为说之道，也为喜悦，亨通畅达，有利于坚守中正之道。

兑卦
百宝锦囊中的宝贝

五　　行：金
颜　　色：白色
数　　字：二、七
动作状态：喜悦、和睦、沟通
自然景观：泽、沼泽地、新月
活动场所：游乐园、滑冰场、饭店
人　　物：小女孩儿、主持人
动　　物：羊、鸡
人　　体：口、舌、牙齿、肺
方　　位：正西
时　　间：17:00—19:00（酉时）
物　　象：花瓶、玩具、石榴
季节状态：秋天

羊 和 羊 驼

—— 兑为说，兑为喜悦，兑为羊

　　《羊和羊驼》的故事讲述了与家人走散的小羊驼，幸运地"闯进"了好客又充满欢乐的小羊姐妹的家中。在短短几天的时间里，她们相处得十分友好，但也发生了一些不愉快的事情……

兑卦，初九

【爻辞原文】 和兑(hé duì)，吉(jí)。

【爻辞译文】 与人和睦相处，吉祥！

【爻辞释义】 不管是和家人还是和朋友相处，都要真诚友爱，在沟通时做到和颜悦色。以和谐的方式与人相处是非常重要的，能够带来吉祥！

兑

立秋啦，秋风送来丝丝的凉意！乖顺、漂亮的小羊悦悦和她可爱的妹妹们欢快地奔跑着，羊爸爸、羊妈妈温柔地看着她们。

温暖的阳光照耀着和谐幸福的绵羊一家！

兑为悦，喜相逢，
心无所求至真诚。
和颜悦色行无疑，
亲情相融爱永恒。

兑卦，九二

【爻辞原文】 孚兑，吉，悔亡。
fú duì jí huǐ wáng

【爻辞译文】 "孚"，诚信。

以真诚的态度待人，吉祥，悔恨也会消失。

【爻辞释义】 伙伴们发自内心地真诚相待，是美好的！特别是面对困难时，大家依然能够保持真诚，冷静地去面对解决，最终一定会化险为夷。

这天，一只和家人走散了的小羊驼来到悦悦面前。悦悦看着这个萌萌的长脖子家伙，感觉她和自己有些相像。看着孤独的小羊驼，热情的小羊一家真诚地邀请小羊驼留下来，等待她的家人来寻找她，因为和小羊一家在一起，小羊驼会很安全。

悦为媒，孚心中，
友朋互敬情相通。
诚信笃实孕吉美，
怀柔执正悔无踪。

兑 ䷹

兑卦，六三

【爻辞原文】 来兑，凶。
lái duì xiōng

【爻辞译文】 "来"，带有目的性的。

丧失真诚，带有目的地来相处，有凶险。

【爻辞释义】 伙伴之间相处，诚信是根本。如果一方丧失了真诚，只考虑自己的得失，不为对方着想，任性妄为，这样发展下去，结果会很糟糕。

兑

小羊驼与悦悦一家相处融洽。过了几天，小羊驼因为没有等到爸爸妈妈来找自己，就吵着闹着要独自去寻找。悦悦和俏俏耐心劝留她，可是任性的小羊驼不仅不听劝阻，还很不礼貌地向小羊悦悦和俏俏吐口水。

这个行为气坏了小羊姐妹俩。她们又委屈又伤心，齐声喊道："快、快、快，赶紧走！"她们不想让这个没有礼貌的家伙在自己家里多停留片刻。

失真诚，来相兑，
缺乏笃实不可为。
初看妄为无大碍，
莫名凶险紧相随。

兑卦，九四

【爻辞原文】 shāng duì   wèi níng   jiè jí yǒu xǐ
商 兑，未 宁，介疾有喜。

【爻辞译文】 "商"，沟通。"兑"，劝说。"介"，介于。"疾"，
疾病、问题。

在沟通劝说的过程中，要反复举例，还原场景，此时
心绪会难以平静。辨清要害，消除隐患，最终会转忧
为喜。

【爻辞释义】 意见出现不一致，是小伙伴们在相处时不可避免的问题。解决问题，
关键在于真诚相待，平复心情，不逃避，积极面对，找到问题的根
源，尽快化解矛盾，相信最终还会和谐相处。

【兑 ䷹】

和蔼的羊爸爸和羊妈妈一边安抚小羊驼，一边开导悦悦和俏俏。

羊爸爸和羊妈妈让小羊们理解小羊驼迫不及待想要与家人团聚的心情，也
批评了小羊驼的不礼貌行为。他们同时告诉孩子们，悦悦和俏俏一开始的行为
是友善的，是正确的，值得表扬；但后来受了委屈，没有坚持正确的言行就
不对啦！听了爸爸妈妈的话，小羊姐妹不再生气，还主动上前与小羊驼和好。

商未宁，辨别清，
利害相交守正明。
排除凶险驱介疾，
安康吉庆喜笑盈。

兑卦，九五

【爻辞原文】 <ruby>孚<rt>fú</rt></ruby> <ruby>于<rt>yú</rt></ruby> <ruby>剥<rt>bāo</rt></ruby>，<ruby>有<rt>yǒu</rt></ruby> <ruby>厉<rt>lì</rt></ruby>。

【爻辞译文】 "剥"，剥离、离开。"厉"，危险。

沟通或相处时，如果远离了诚信，就会招致祸端。

【爻辞释义】 诚信是相处的基础，和悦是友爱的桥梁。一旦诚信受到质疑，和悦也将逐渐消失。

兑 ䷹

因为做了无礼的事而受到羊爸爸和羊妈妈批评的小羊驼，深深地为自己的行为感到羞愧，她也真诚地向悦悦和俏俏道歉，说自己不该用不礼貌的行为对待真诚收留她的小羊姐妹，还伤了她俩的心。小羊驼也深深意识到，一旦自己不听劝阻，擅自离开羊群独自寻找家人，会带来怎样的危险。

孚于剥，诚失定，
偏离友爱不可行。
幸好听进真心劝，
祸端才能无踪影。

兑卦，上六

【爻辞原文】 引兑。 yǐn duì

【爻辞译文】 "引"，带走、离开。"兑"，和谐地相处。
和谐相处却被分开。

【爻辞释义】 有一种朝夕相处的陪伴，你在拥有的时候，并没有在意它的存在、
领会它的美好。然而，你在离开的那一刻，才猛然体会到这种陪伴
是无比可贵的。

兑

在与小羊一家共同生活的第六天，小羊驼终于安全
地等来了前来寻找她的家人。小羊驼别提有多开心啦！
在与家人即将离开，和悦悦、俏俏一家道别时，她又别
提有多么难过和不舍了，还伤心地哭了！

引兑悦，解忧困，
秋月惜别泪纷纷。
缘起缘落皆可为，
诚心和悦无悔恨。